•Adventures with Nicholas•
A Visit to Grandma

•Las aventuras de Nicolás•
Una visita a la abuelita

Ilustrado por Chris Demarest

Berlitz Publishing
New York   Munich   Singapore

Contacting the Editors
Every effort has been made to provide accurate information in this publication, but changes are inevitable. The publisher cannot be responsible for any resulting loss, inconvenience or injury. We would appreciate it if readers would call our attention to any errors or outdated information by contacting Berlitz Publishing, 193 Morris Ave., Springfield, NJ 07081, USA. Fax: 1-908-206-1103, email: comments@berlitzbooks.com

Estimados padres:

Los cuentos de *Las aventuras de Nicolás* proporcionarán a ustedes y a sus hijos muchas horas de diversión y aprendizaje productivo. A los niños les encanta leer libros con los adultos y el aprendizaje basado en cuentos es un medio natural que le permite a su hijo aprender un segundo idioma de manera amena y entretenida.

Te quiero mucho, abuelita

En 1878, el profesor Maximilian Berlitz tuvo una idea revolucionaria para lograr que el aprendizaje de un idioma fuera accesible y ameno. Los mismos principios se mantienen hoy en día. Actualmente, habiendo pasado más de un siglo, este exitoso método es reconocido a nivel mundial. Berlitz Kids combina la antigua tradición del profesor Berlitz con las investigaciones recientes para crear productos superiores que verdaderamente ayudan a los niños a aprender y disfrutar del conocimiento de un idioma extranjero.

Los materiales de Berlitz Kids permiten a sus hijo adquirir un segundo idioma de manera positiva y atractiva. Los ocho episodios del libro presentan, gradualmente, las palabras del idioma extranjero, y ayudan a los niños a adquirir el vocabulario en forma natural. El contenido y el vocabulario han sido cuidadosamente escogidos por expertos en idiomas para atraer el interés de su hijo, quien, en poco tiempo, podrá repitir partes del cuento en el idioma extranjero. ¡Cuánto se van a divertir ustedes y su hijo!

Otra ventaja de los materiales de *Las aventuras de Nicolás* es que son portátiles. Los materiales son fáciles de utilizar en el hogar, el automóvil ¡e incluso cuando vayan de visita a la casa de la abuela! Cada uno de los cuentos de la serie de Nicolás pone énfasis en un vocabulario y conceptos ligeramente distintos. La serie, en su conjunto, permite el aprendizaje constante.

En el programa audio su hijo escuchará el cuento acompañado de hermosos efectos de sonido. Su hijo también escuchará entretenidas canciones. Pero las canciones no solo entretienen. Los expertos aseguran que al cantar canciones, los niños aprenden los sonidos del nuevo idioma más fácilmente. Además, el diccionario auditivo ayudará a su hijo a aprender la pronunciación de las palabras importantes.

Disfruten con su hijo de estos estupendos cuentos y canciones y . . . ¡diviértanse!

¡Bienvenidos!

Los editores de Berlitz Kids™

Nicholas Remembers

Nicolás recuerda

Nicholas is thinking about his grandma.

Nicolás piensa en su abuelita.

When Nicholas was three years old,
Grandma gave him funny toys.

*Cuando Nicolás tenía tres años, su abuelita le
daba juguetes graciosos.*

"Thank you, Grandma. I love you,"
said Nicholas.
"I love you, too," said Grandma.

—Gracias, abuelita. Te quiero mucho—
decía Nicolás.
—Yo también te quiero— decía la abuelita.

When Nicholas was four years old, he fell down. Grandma put a bandage on his knee. She hugged him. And soon he felt much better.

Cuando Nicolás tenía cuatro años, se cayó. Su abuelita le vendó la rodilla. Lo abrazó. Y Nicolás pronto se sintió mucho mejor.

When Nicholas was five years old, Grandma sang songs with him. They laughed and had a wonderful time.

Cuando Nicolás tenía cinco años, cantaba canciones con su abuelita. Los dos se reían y se divertían.

Now Nicholas is older and bigger. Today he is thinking about Grandma. Tomorrow is Grandma's birthday. He wants to give his grandma a wonderful present!

Ahora Nicolás es más grande. Hoy está pensando en su abuelita. Mañana es su cumpleaños. ¡Nicolás quiere hacerle un hermoso regalo!

What Present?

¿Qué regalo?

Nicholas, his brother John, and his sister Maria sit in the living room. They talk about what to buy for Grandma's birthday.

Nicolás, su hermano Juan y su hermana María están sentados en la sala. Hablan del regalo que van a comprar para la abuelita.

"Let's buy flowers," says Maria. "Grandma loves flowers. She loves big and small, tall and short, pink, red, and white flowers."

—Comprémosle flores— dice María. —A la abuelita le encantan las flores. Le gustan grandes y pequeñas, cortas y largas, rosadas, rojas y blancas.

"Yes," says Nicholas. "But Grandma already has a big garden. She already has so many flowers."

—Sí— dice Nicolás. —Pero la abuelita tiene un gran jardín. Tiene ya muchas flores.

"Let's buy perfume," says Nicholas.
"Perfume smells so good."

"Yes," says Maria. "But Grandma
already has so much perfume."

—Comprémosle un perfume— dice Nicolás.
—¡El perfume huele tan bien!

—Sí— dice María. —Pero la abuelita ya tiene
muchos perfumes.

"Let's buy a box of chocolates," says John. "Chocolate tastes so good."

"Yes," says Nicholas. "But Grandma does not like to eat too many sweets."

—Comprémosle una caja de chocolates— dice Juan. —¡El chocolate es tan sabroso!

—Sí— dice Nicolás. —Pero a la abuelita no le gusta comer muchos dulces.

Nicholas puts his head in his hands. He is worried. He does not know what to buy for Grandma.

Nicolás se pone la cabeza en las manos. Está preocupado. No sabe qué comprarle para la abuelita.

3 At the Store

En la tienda

The next day the children go shopping with Mom.

"I know!" says Nicholas. "Let's buy a hat for Grandma. Grandma likes hats."

"What a good idea!" says Mom.

Al día siguiente los niños salen a comprar con su mamá.

—¡Ya sé!— dice Nicolás. —Comprémosle un sombrero. A la abuelita le gustan los sombreros.

—¡Qué buena idea!— dice la mamá.

"Good morning," says a woman.
"Good morning," say Mom and
the children.

—Buenos días— dice una señora.
—Buenos días— dicen la mamá y los niños.

"We want to buy a hat," says Nicholas.
"For you?" asks the woman.
She puts a red hat on Nicholas.
"No, not for me," says Nicholas.

—Queremos comprar un sombrero— dice Nicolás.
—¿Para ti?— pregunta la señora.
Le pone a Nicolás un sombrero rojo.
—No, para mí no— dice Nicolás.

"For you?" asks the woman.
She puts a green and purple hat on Maria.
"No, not for me," says Maria.

—¿Para ti?— pregunta la señora.
Le pone a María un sombrero verde y morado.
—No, para mí no— dice María.

"For you?" asks the woman.
She puts a yellow hat on John.

—¿Para ti?— pregunta la señora.
Le pone a Juan un sombrero amarillo.

"No, not for me," says John. "For our grandma!"

—No, para mí no— dice Juan. —¡Para nuestra abuelita!

They look at orange hats, blue hats, and black hats. They do not see a good hat for Grandma. They feel sad.

Se fijan en sombreros anaranjados, azules y negros. No encuentran un buen sombrero para la abuelita. Están tristes.

"I have an idea," says Nicholas.
He whispers to his family. Everyone
smiles and says, "Yes!"

—Tengo una idea— dice Nicolás.
Le cuenta a su familia en voz baja. Todos sonríen
y dicen: —¡Sí!

Nicholas hopes Grandma likes his idea.

Nicolás espera que a la abuelita le guste su idea.

Getting Ready

Los preparativos

It is time to get ready for Grandma's birthday party. Everyone wants to look good—even the cats, Princess and Kitten.

Es hora de prepararse para la fiesta de cumpleaños de la abuelita. Todos quieren verse bien, incluso los gatos Princesa y Misifú.

Mom brushes her hair.

Mamá se cepilla el cabello.

Dad ties his tie.

Papá se anuda la corbata.

John washes his face.

Juan se lava la cara.

Maria irons her red dress.

María se plancha el vestido rojo.

Nicholas puts on a white shirt, blue
pants, and new brown shoes.

*Nicolás se pone una camisa blanca, pantalones
azules y zapatos marrones nuevos.*

The children put little presents in their pockets. And then they are ready for a visit to Grandma.

Los niños se ponen regalitos en los bolsillos. Y están listos para visitar a la abuelita.

On the Road

En camino

They walk to the car and get in. Dad sits in the front, behind the wheel. Mom sits next to Dad.

Caminan hacia el carro y se acomodan. Papá se sienta adelante, detrás del volante. Mamá se sienta al lado de papá.

The children sit in the back. Nicholas sits to the right of John. Maria sits to the left of John.

Los niños se sientan atrás. Nicolás se sienta a la derecha de Juan. María se sienta a la izquierda de Juan.

Kitten sits under Maria's legs. Princess
sleeps on John's lap.

Misifú se sienta debajo de las piernas de María.
Princesa duerme en el regazo de Juan.

The car is very crowded. Then Mom
starts to sing, and everyone joins in.

*El automóvil va lleno. Mamá comienza a cantar
y todos la acompañan.*

The songs are funny. They all laugh and have a good time.

Las canciones son graciosas. Todos se ríen y se divierten.

Nicholas sings, too. But then he feels worried again.

"I just hope Grandma likes our presents," he says.

Nicolás también canta. Pero está preocupado.
—Espero que a la abuelita le gusten nuestros regalos— dice.

At Grandma's House

En la casa de la abuelita

All the guests are at Grandma's house.
She has a big family and many, many friends.
All of them come to her birthday party.

*Todos los invitados están en la casa de la abuelita.
Ella tiene una familia grande y muchos, muchos
amigos. Todos van a su fiesta de cumpleaños.*

There is a big cake with candles. There is ice cream.

Hay un gran pastel con velas. Hay helado.

There are party hats for everyone. And there is happy music.

Hay sombreros de fiesta para todos. Y hay música alegre.

Grandma gets many presents. She gets
paints and brushes to paint pictures.

*La abuelita recibe muchos regalos. Recibe pinturas
y pinceles para pintar cuadros.*

She gets a camera to take photographs when she goes to faraway places. She gets a blank book to write the story of her life.

Recibe una cámara fotográfica para sacar fotografías cuando viaja a lugares lejanos. Recibe un libro en blanco para escribir la historia de su vida.

"Thank you," says Grandma.
Then Nicholas, Maria, and John
stand up. Everyone looks at the children.

—Gracias— *dice la abuelita.*
Entonces Nicolás, María y Juan se
ponen de pie. Todos miran a los niños.

More Presents

Más regalos

"We have presents for you, too,"
says Nicholas.
   Grandma smiles.

—*También nosotros tenemos regalos para ti—*
dice Nicolás.
   La abuelita sonríe.

Nicholas goes to the piano. He plays a happy song. He plays it fast and loud.

Nicolás va hacia el piano. Toca una canción alegre. La toca rápidamente y muy fuerte.

Maria dances around the room.
Princess and Kitten dance, too.

María baila. Princesa y Misifú también bailan.

John stands on his head. He sings a song . . . upside-down.

Juan se para de cabeza. Canta una canción . . . cabeza abajo.

Princess and Kitten try to sing, too.

Princesa y Misifú también tratan de cantar.

Everyone claps and cheers—especially Grandma.

Todos aplauden y hacen bulla, especialmente la abuelita.

Nicholas says, "I'm glad you like the show, Grandma. Now, we have one more surprise for you."

Nicolás dice: —Me alegro que te guste el espectáculo, abuelita. Y ahora, tenemos otra sorpresa para ti.

The Last Surprise

La última sorpresa

Nicholas, Maria, and John take the presents out of their pockets. The presents look like little hearts.

Nicolás, María y Juan se sacan los regalos de los bolsillos. Los regalos parecen corazoncitos.

Grandma opens Maria's present. It is a photograph of Maria when she was a baby.

La abuelita abre el regalo de María. Es una fotografía de María cuando era bebé.

In the photo, Grandma and Maria are playing with a funny toy. Under the photo, it says "I love you, Grandma."

En la fotografía, la abuelita y María juegan con un juguete gracioso. Debajo de la fotografía dice: "Te quiero mucho, abuelita".

Grandma opens John's present. It is a
photograph of John when he was a baby.
In the photo, Grandma is putting a bandage
on John's arm. Under the photo, it says "I
love you, Grandma."

*La abuelita abre el regalo de Juan. Es una fotografía
de Juan cuando era bebé. En la fotografía, la abuelita
le venda el brazo de Juan. Debajo de la fotografía dice:
"Te quiero mucho, abuelita".*

Grandma looks at Nicholas's present. In the photo, Nicholas and Grandma are singing. They are laughing and having a wonderful time. Under the photo, it says, "I love you, Grandma."

La abuelita mira el regalo de Nicolás. En la fotografía, Nicolás y la abuelita cantan. Se ríen y se divierten muchísimo. Debajo de la fotografía dice: "Te quiero mucho, abuelita".

Grandma smiles and hugs the
three children.

"I like the paints and brushes. I like the
camera. I like the book. And I like your show.
But most of all, I like the photos . . . because
they are photos of you."

La abuelita sonríe y abraza a los tres niños.
—Me gustan las pinturas y los pinceles. Me gusta
la cámara fotográfica. Me gusta el libro. Y me gusta
el espectáculo de ustedes. Pero lo que más me gusta son
las fotografías . . . porque son fotografías de ustedes.

Nicholas, Maria, and John are very happy.
"I love you all," says Grandma.
"We love you, too," say the children.

Nicolás, María y Juan están muy contentos.
—Los quiero a todos— dice la abuelita.
—Nosotros también te queremos— dicen los niños.

Then Nicholas counts, "One, two, three . . ."
And everyone says, "Happy birthday,
Grandma!"

Entonces, Nicolás cuenta: —Uno, dos, tres . . .
Y todos dicen: —¡Feliz cumpleaños, abuelita!

Letras de las canciones

Canción para acompañar el cuento 1

My Family *(Mi familia)*

[Cantada con la melodía de un aire popular francés]

Father, Mother, Sister, Brother,
That's my family. That's my family.
I tell you what they do—is very silly.
That is true.

Father takes—his pet snake,
To the office, to the office.
That pet snake, named Snowflake,
Does Dad's work with no mistakes.

Mother bakes—stringbean cakes,
Every morning, every morning.
I am mad 'cause they taste bad.
But when they're gone, I'm really glad.

Sister likes—to take hikes
With her turtle, with her turtle.
Where they go, I don't know,
But I'm sure that they walk slow.

Brother eats with his feet.
He looks funny; he looks funny.
When he eats any treats,
He must sit and take a seat.

[Repetir la primera estrofa.]

Papá, mamá, hermana y hermano.
Mi familia, mi familia.
Te diré lo que hacen.
¡Muchas tonterías! ¡Es verdad!

Papá lleva su culebra,
(¡Qué mascota!) al trabajo.
Copo de nieve, así se llama.
Y hace su trabajo sin ningún error.

Mamá hornea habichuelas
Cada mañana, cada mañana.
Yo me enojo pues saben mal.
Pero cuando se acaban, ¡qué bueno es!

Mi hermana va a pasear
Con su tortuga, su tortuga.
Adónde van, yo no sé,
Pero sé que van sin prisa.

Mi hermano come con los pies.
¡Qué chistoso! ¡Qué chistoso!
Cuando come golosinas,
Tiene que sentarse en una silla.

[Repetir la primera estrofa.]

Canción para acompañar el cuento 2

What Can We Do? *(¿Qué haremos?)*

[Cantada con la melodía de un aire popular español]

Oh, what can we do for our
    grandmother's birthday?
Oh, what can we do for her special day?
We can get a frog that talks—
One that likes to go for walks.
That's what we can do for our
    grandma's day.

¿Y qué haremos cuando abuelita
    cumpla años?
¿Qué haremos en ese día especial?
Podemos darle una rana que habla,
Una que camina mucho.
¡Eso haremos para el
    día de abuelita!

Oh, what can we do for our
  grandmother's birthday?
Oh, what can we do for her special day?
We can get a horse that laughs—
Here, look at his photographs. And . . .

Oh, what can we do for our
  grandmother's birthday?
Oh, what can we do for her special day?
We can get a cow that skips—
Maybe one with funny lips. And . . .

Oh, what can we do for our
  grandmother's birthday?
Oh, what can we do for her special day?
We can get a fish that skis—
I know one who's named Louise. And . . .

Oh, what can we do for our
  grandmother's birthday?
Oh, what can we do for her special day?
We can get a pig that knows
How to sew a suit of clothes. . . .
We can do all this for our
  grandma's day!

*¿Y qué haremos cuando abuelita
  cumpla años?*
¿Qué haremos en ese día especial?
¿Le daremos un caballo que ríe?
Sus fotos están aquí. . . .

*¿Y qué haremos cuando abuelita
  cumpla años?*
¿Qué haremos en ese día especial?
¿Darle una vaca que salta?
Con labios cómicos quizás. . . .

*¿Y qué haremos cuando abuelita
  cumpla años?*
¿Qué haremos en ese día especial?
¿Darle un pez que va a esquiar?
Conozco uno llamado Luisa. . . .

*¿Y qué haremos cuando abuelita
  cumpla años?*
¿Qué haremos en ese día especial?
¿Le daremos un cerdito,
Que trajes sabe coser?. . .
*¡Todo lo haremos para el día
  de abuelita!*

Canción para acompañar el cuento 3

A Colorful World *(Un mundo lleno de color)*

[Cantada con la melodía de un aire popular alemán]

Can you imagine a bright yellow sky—
With red clouds and blue clouds and
Green airplanes flying by?
Oh, what a colorful world this would be!

Can you imagine a violet sea—
With red fish and blue fish and
Brown turtles swimming by?
Oh, what a colorful world this would be!

Can you imagine a highway of gold—
With red cars and blue cars and
White buses driving by?
Oh, what a colorful world this would be!

Piensa en un cielo amarillo que brilla,
Con nubes rojas y azules y
Aviones verdes volando.
¡Oh, cuánto color tendríamos así!

Piensa en un mar de color violeta,
Con peces rojos y azules y
Tortugas marrones nadando.
¡Oh, cuánto color tendríamos así!

Piensa en caminos de oro puro,
Con carros rojos y azules y
Buses blancos rodando.
¡Oh, cuánto color tendríamos así!

Can you imagine a dark purple beach—
With red shells and blue shells and
Orange crabs crawling by?
Oh, what a colorful world this would be!

[Repetir la primera estrofa.]

Piensa en playas de color morado,
Con conchas rojas y azules y
Cangrejos anaranjados allí.
¡Oh, cuánto color tendríamos así!

[Repetir la primera estrofa.]

Canción para acompañar el cuento 4

Are You Ready? *(¿Estás listo?)*

[Cantada con la melodía de "Twinkle, Twinkle, Little Star"]

Are you ready for a trip?
Let me give you little tips.
First fill the tub. Add your toy duck.
A bath is fun, so you're in luck.
Jump right in—it's not too hot.
Swim around, and splash a lot.

Then get out and drip, drip, drip.
Just try not to slip, slip, slip.
Get a towel and dry your belly.
Take a break—try bread and jelly.
Comb your hair, so it looks nice.
It's a mess, so do it twice.

Get your clothes. What can you wear?
Hurry up! You're very bare.
Get dressed fast—it's six nineteen!
Choose a shirt. Take one that's clean.
Don't forget to find your shoes.
Those are things you often lose.

Are you ready? Stop and think.
Maybe you should pack a drink.
It's getting late—you're going far.
It's time to run—get in the car.
Close the door, and look outside,
Now we're ready for a ride!

¿Estás listo para el viaje?
Déjame darte unos consejos.
Llena tu bañera, mete tu patito.
¡Qué suerte que el baño divierte!
Salta ahora, no está caliente.
Nada y salpica mucho.

Luego, sale y gotea, gotea.
Sin resbalar, sin resbalar.
Con toalla seca tu panza,
Con pan y jalea, ve y descansa.
Péinate, para que luzcas bien,
¡Desordenado! Hazlo otra vez.

Ponte ropa. ¿Cómo vestirás?
¡Anda! Aún sin ropa estás.
Vístete que tarde es,
Camisa limpia, ¡eso sí!
No olvides los zapatos,
Pues los pierdes a cada rato.

¿Estás listo? Piensa bien.
Un refresco puedes llevar.
Se hace tarde y vas muy lejos,
Corre y entra al carro pronto.
Cierra la puerta y mira afuera,
¡Estás listo para viajar!

Give Me a Home *(Dame un hogar)*

[Cantada con la melodía de "Home on the Range"]

Oh, give me a home
Where my zebra can roam,
A place with a big living room.
He can put up his feet,
While I bring him a treat,
And sweep up his crumbs with a broom.

[Refrán]

Home, home, sweet home,
For me and the zebra so dear.
We have wonderful days,
And I'm happy to say
That each room is a room full of cheer.

Oh, give me a home
Where my zebra can roam,
And there in the bedroom he'll snore.
He can sleep on the bed,
While I scratch his big head;
As for me, I can sleep on the floor.

[Repetir el refrán.]

Oh, give me a home
Where my zebra can roam,
In the kitchen I'll cook what he wishes.
I'll make salad and cake
For that dear zebra's sake,
If he says he will help with the dishes.

[Repetir el refrán.]

Oh, dame un hogar
Donde mi cebra pueda vagar,
Un lugar con una gran sala.
Para que mi cebra repose,
Mientras yo dulces le traigo,
Y con la escoba barro sus migas.

[Refrán]

Oh, mi dulce hogar,
Para mí y mi cebra querida.
Días felices pasamos,
Y contento puedo decir
Que cada cuarto es un cuarto feliz.

Oh, dame un hogar
Donde mi cebra pueda vagar,
Y en el dormitorio logre roncar.
Podrá dormir en la cama,
Mientras yo rasco su gran cabeza,
Y en cuanto a mí, en el suelo
puedo dormir.

[Repetir el refrán.]

Oh, dame un hogar
Donde mi cebra pueda vagar,
En la cocina cocinaré a su gusto,
Ensaladas y bizcochos yo le haré,
Por amor a mi querida cebra,
Si promete con los platos ayudar.

[Repetir el refrán.]

Let's Invite Everyone *(Invitemos a todos)*

[Cantada con la melodía de un aire popular norteamericano]

We can have a party.
We can have some fun.
I'll ask Mother.
You ask Dad.
Let's invite everyone!

Hagamos una fiesta.
Pasémosla bien.
Preguntaré a mamá.
Pregúntale a papá.
¡A todos invitemos!

Who is coming to our party?	¿Quién viene a nuestra fiesta?
Who wants to have some fun?	¿Quién quiere pasarlo bien?
Call the big brown bear,	Llama al gran oso
With the curly hair.	Con su pelo rizado.
Let's invite everyone!	¡A todos invitemos!
Who is coming to our party?	¿Quién viene a nuestra fiesta?
Who wants to have some fun?	¿Quién quiere pasarlo bien?
Get the tall giraffe.	A la jirafa alta trae,
She makes us laugh. . . .	La que nos hace reír. . . .
Who is coming to our party?	¿Quién viene a nuestra fiesta?
Who wants to have some fun?	¿Quién quiere pasarlo bien?
Find the funny goat,	Busca la cabra graciosa,
With the great, big coat.	Con su enorme abrigo. . . .
Who is coming to our party?	¿Quién viene a nuestra fiesta?
Who wants to have some fun?	¿Quién quiere pasarlo bien?
Ask the dancing fox,	Ve al zorro bailarín,
Who wears fancy socks. . . .	Y su elegante calcetín. . . .
I think that is everyone!	¡Creo que ya son todos!

Canción para acompañar el cuento 7

A Party *(Una fiesta)*

[Cantada con la melodía de un aire popular italiano]

A party! A party!	¡Una fiesta! ¡Una fiesta!
We're having a party.	¡Una fiesta hagamos!
We can eat and sing!	Podemos comer y cantar,
And this is what I will bring:	Y esto es lo que yo traeré:
Meatballs, spaghetti,	Albóndigas, fideos,
Red and blue confetti,	Confites rojos y azules,
Fresh fried fish,	Pescado fresco frito,
With pickles in a dish.	Con muchos encurtidos.
Peanuts, tomatoes,	Maní, tomates,
Small, red potatoes,	Papas pequeñas y rojas,
Nice and juicy hams,	Jamón fino y jugoso,
And hot and creamy yams.	Batatas calientes y cremosas.
Carrots and beets,	Zanahorias, remolachas,
Lots of spicy meats,	Carne condimentada,
Popcorn and beans,	Palomitas de maíz,
And a platter of sardines!	Frijoles y sardinas.
Oysters and clams,	Ostras, almejas,
With sweet and sour jams,	Dulces muy sabrosos.
And peaches and prunes,	Duraznos y ciruelas,
And only the best macaroons.	Y excelentes macarrones.

Crackers and cheese,	*Galletitas con queso,*
Pudding with peas,	*Pudín con arvejas,*
Breads . . . white and rye,	*Pan blanco y de centeno,*
With cream and pumpkin pie.	*Con crema y pastel.*
A party! A party!	*¡Una fiesta! ¡Una fiesta!*
We're having a party.	*¡Una fiesta hagamos!*
We can eat and sing,	*Podemos comer y cantar.*
And that's all I will bring.	*Y esto es lo que yo traeré.*

Canción para acompañar el cuento 8

Presents *(Regalos)*

[Cantada con la melodía de un aire popular mexicano]

It's our grandma's birthday.	*El cumpleaños de abuelita.*
We really can't wait!	*¡No podemos esperar!*
To see all her presents.	*Queremos ver los regalos.*
I bet they are great!	*¡Sin duda son fabulosos!*
Our friends and our family	*Familia y amigos,*
Are coming right in.	*Van todos a ir.*
So now it is time.	*Llegó ya la hora,*
Let the presents begin.	*Los regalos hay que abrir.*
Oh, Grandma, that's great!	*¡Oh, abuelita, qué bien!*
It really looks fine.	*De verdad es muy lindo.*
It's just what you wanted:	*Lo que tú más querías:*
A blue porcupine!	*¡Un azul puerco espín!*
Oh, Grandma, that's good!	*¡Oh, abuelita, qué bien!*
The present is nice:	*Qué regalo tan bueno,*
A statue of you	*Una estatua tuya*
That is made out of ice.	*Hecha toda de hielo.*
Now what is this present	*¿Qué será este regalo*
That looks very bright?	*Que luce tan brillante?*
A fat kangaroo that can fly—	*Un canguro que vuela,*
It's a kite!	*¡Es una cometa!*
And what is that one	*¿Y qué es ése,*
With the big yellow bow?	*Con gran lazo amarillo?*
A plastic toy pig	*Un cerdito plástico*
With a nose that can glow.	*Con brillante nariz.*
The presents are nice.	*Los regalos son lindos.*
The presents are fun.	*Nos divertimos sin fin.*
The pile is growing;	*Cómo crece la pila,*
It must weigh a ton.	*Mil kilos debe pesar.*
The presents are good.	*Los regalos son finos,*
The presents are fine.	*Los regalos son buenos.*
A present can be	*Un regalo puede ser*
Like a little sunshine.	*Como un rayito de luz.*

Diccionario en dibujos español/inglés

Aquí están algunas de las personas, lugares y cosas que se encuentran en este libro.

aviones
airplanes

oso
bear

azul
blue

lazo
bow

marrón
brown

pastel
cake

carro
car

nubes
clouds

abrigo
coat

vaca
cow

papá
Dad

puerta
door

familia
family

pies
feet

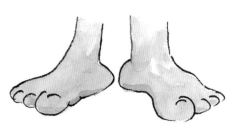

pescado
fish

flor
flower

amigos
friends

rana
frog

jardín
garden

jirafa
giraffe

abuelita
Grandma

manos
hands

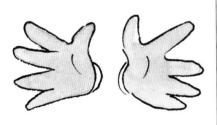

contento
happy

sombrero
hat

cabeza
head

cocina
kitchen

izquierda
left

sala
living room

mamá
Mom

papas
potatoes

fiesta
party

regalos
presents

piano
piano

morado
purple

cerdito
pig

rojo
red

bolsillo
pocket

derecha
right

triste
sad

tomates
tomatoes

zapatos
shoes

juguete
toy

cielo
sky

tortuga
turtle

calcetines
socks

mundo
world

tienda
store

amarillo
yellow

Vocabulario

a
about
again
all
already
an
and
are
arm
around
asks
at
baby
back
bandage
because
behind
better
big
bigger
birthday
black
blank
blue
book
box
brother
brown
brushes
but
buy
cake
camera
candles
car
cats
cheers
children
chocolate
chocolates
claps
come
counts
cream
crowded
Dad

dance
dances
day
do
does
down
dress
eat
especially
even
everyone
face
family
faraway
fast
feel
feels
fell
felt
five
flowers
for
four
friends
front
funny
garden
gave
get
gets
getting
give
glad
go
goes
good
grandma
green
guests
had
hair
hands
happy
has
hat
hats

have
having
he
head
hearts
her
him
his
hope
hopes
house
hugged
hugs
I
ice
idea
in
irons
is
it
John
just
Kitten
knee
know
lap
last
laugh
laughed
laughing
left
legs
let's
life
like
likes
little
living
look
looks
loud
love
loves
many
Maria
me

Mom
more
morning
most
much
music
new
next
no
not
now
of
older
on
one
opens
orange
our
out
paint
paints
pants
party
perfume
photo
photograph
photographs
photos
piano
pictures
pink
places
playing
plays
pockets
presents
Princess
purple
put
puts
putting
ready
red
remembers
right
road

room
sad
said
sang
say
says
see
she
shirt
shoes
shopping
short
show
sing
singing
sings
sister
sit
sits
sleeps
small
smells
smiles
so
song
soon
stand
stands
starts
store
story
surprise
sweets
take
talk
tall
tastes
thank
the
their
them
then
there
they
three
tie

ties
time
to
today
tomorrow
too
toy
toys
try
two
under
up
very
visit
walk
want
wants
was
washes
we
what
wheel
when
whispers
white
with
woman
wonderful
worried
write
yellow
yes
you
your

happy
   birthday
I love you
joins in
thinking
   about
three years
   old